BEI GRIN MACHT SICH IHR
WISSEN BEZAHLT

- Wir veröffentlichen Ihre Hausarbeit,
  Bachelor- und Masterarbeit

- Ihr eigenes eBook und Buch -
  weltweit in allen wichtigen Shops

- Verdienen Sie an jedem Verkauf

Jetzt bei www.GRIN.com hochladen
und kostenlos publizieren

Alexandra von Bose

Brauchen Migranten eine andere Pflege?

Migration und seelische Auswirkungen auf die Gesundheit - Belastungspotenzial und Lösungsstrategien

GRIN Verlag

Bibliografische Information der Deutschen Nationalbibliothek:

Die Deutsche Bibliothek verzeichnet diese Publikation in der Deutschen National-
bibliografie; detaillierte bibliografische Daten sind im Internet über http://dnb.d-
nb.de/ abrufbar.

Impressum:

Copyright © 2011 GRIN Verlag, Open Publishing GmbH
Druck und Bindung: Books on Demand GmbH, Norderstedt Germany
ISBN: 978-3-640-83639-0

Dieses Buch bei GRIN:

http://www.grin.com/de/e-book/167144/brauchen-migranten-eine-andere-pflege

Kultur Dialog

Brauchen Migranten eine andere Pflege?

Migration und seelische Auswirkungen auf die Gesundheit – Belastungspotenzial und Lösungsstrategien

Fachtagung Migrantinnen und Gesundheit 09. Februar 2011 in Worms

Alexandra von Bose M.A.

1.1. Grundlegende Überlegungen zu dem Thema „Kulturschock" bei Migrantinnen

Laut der Ottawa- Charta der WHO gelten MigrantInnen als „verletzliche Gruppe", denen eine besondere Priorität in Public Health- Strategien einzuräumen ist.*

Woher kommt diese besondere „Verletzlichkeit", wie können wir als Pflegende damit umgehen und wie können wir mit Empathie auf die jeweiligen Situationen im interkulturellen Kommunikationskontext eingehen? Innerhalb dieser ohnehin als vulnerabel eingestuften Gruppe, nehmen die Frauen eine traurige Vormachtstellung ein, denn Untersuchungen zeigen, dass Frauen im Migrationsprozess ein noch schwerwiegenderes Erkrankungsrisiko zeigen als Männer, vor allem im psychischen und im psychosomatischen Bereich.

Die migrantensensible Gesundheitsforschung steckt noch in den Anfängen daher gibt es über die Bevölkerungsgruppe der Migrantinnen noch nicht sehr viel aussagekräftiges Datenmaterial. Die Lebenswelten von MigrantInnen und die gesundheitliche Lage sind dabei wesentlich auch immer durch die Kategorie Geschlecht bestimmt.

Die sich aus den Vorbedingungen ergebende zentrale erste Frage lautet:

„Brauchen Migrantinnen eine andere Pflege?"

MigrantInnen sind oft nicht ausreichend über das deutsche Gesundheitssystem und seine Angebote informiert. Durch etliche Rückzugstrategien oder eine insgesamt schlechtere Integration in die Aufnahmekultur, bleiben die Frauen – insbesondere von traditionell orientierten Gesellschaften außen vor und sind nicht ausreichend über unser Gesundheitssystem informiert. Aufgrund sprachlicher und kultureller Barrieren nehmen sie Gesundheitsangebote weniger in Anspruch, mit der Folge, dass es zu Fehl- oder Unterversorgung kommen kann.

Wissenschaftliche Untersuchungen zur Gesundheit, zur Sicherheit und zur allgemeinen Lebenssituation von Frauen in Deutschland zeigen, dass ein hoher Prozentsatz von Migrantinnen ihren allgemeinen Gesundheitszustand als eher negativ beurteilt. **.

---

* vgl. Salman , in Domenig, D. : Professionelle Transkulturelle Pflege 2007, S. 88),
** vgl. Bundesweiter Arbeitskreis Migration und öffentliche Gesundheit, 2010

Auch einzelne körperliche Beschwerden, wie Schmerzen, Magen-Darm-Störungen oder gynäkologische Probleme, wurden häufiger genannt als von einheimischen Frauen. Psychische Gesundheitsprobleme wie Essstörungen, Selbstwertprobleme, Erschöpfungszustände und Lebensmüdigkeit sind ebenfalls überrepräsentiert. Gleichzeitig ist der Kenntnisstand von Migrantinnen über Versorgungsangebote relativ gering, mit abfallender Tendenz in den höheren Altersgruppen, bei niedrigerem und bei kürzerer Aufenthaltsdauer in Deutschland. Außerdem wurde ein signifikanter Zusammenhang zwischen Gewalterfahrungen in der Biographie und dem Gesundheitsstatus der befragten Frauen festgestellt.

Vor dem besonderen Hintergrund der Situation der Migrantinnengesundheit, erfährt das von Kulturwissenschaftlern ausgiebig empirisch untersuchte Phänomen des Kulturschocks eine besondere Beachtung. Im Gesundheitszusammenhang ist die Rede in diesem Zusammenhang auch über: „Kulturspezifische Krisen", „multiplen Akkulturationsstress" oder einfach über „Stadien des Migrationsprozesses".

Im Zusammenhang mit der aktuellen Forschungslage aus der Psychotherapie wird den hochsensiblen Stadien des Migrationsprozesses ein besonderer Stellenwert in der Individualentwicklung beigemessen. Es wird eine Analogie zwischen den Entwicklungsleistungen der MigrantInnen bei der Integration in die Aufnahmekultur und den Entwicklungsleistungen, die Adoleszenten einbringen müssen um sich in die Gesellschaft zu integrieren hergestellt.*

In dem Moment – wo der einzelne Mensch nicht mehr auf seine gewohnte Problemlösung zurückgreifen kann- in diesem Falle unsere gewohnte medizinische Versorgung- und etwas für ihn völlig unverständliches angeboten bekommt, setzen drei sehr lähmendes Gefühle ein:

Hilflosigkeit, Ohnmacht und Angst

Zahlreiche Untersuchungen und Erfahrungsberichte belegen dies:

Das Verhalten von Patienten mit Migrationshintergrund – ist sehr oft von genau diesen Gefühlen geprägt!

*vgl. Machleidt und Heinz, 2008

Woher kommt dies, wo doch nachweislich die Gesundheitsversorgung hier in Deutschland im weltweiten Vergleich sehr gut abschneidet? Hier erfährt meines Erachtens der Faktor *Kulturschock* zu wenig Beachtung. Lassen Sie mich kurz aus der kulturwissenschaftlichen Sicht das Phänomen des Kulturschocks beleuchten:

Kultur ist in ihrem weitesten Sinn das, was das Gefühl des Fremdseins auslöst, wenn man sich in einer anderen Kultur aufhält. Sie umfasst alle jene Überzeugungen und Erwartungen, wie Menschen zu sprechen und sich zu verhalten haben. Diese sind als Resultat sozialen Lernens eine Art zweiter Natur für den Einzelnen geworden.

Wenn man mit Mitgliedern einer Gruppe zusammen ist, die die eigene Kultur teilen, musst man nicht andauernd sein Verhalten und seine Überzeugungen in Frage stellen, denn viele Grundüberzeugungen stimmen auch mit denen von vielen anderen Mitgliedern der eigenen Kultur überein. Zumindest folgt jede Kultur ihren eigenen kulturellen Regeln, die tradiert und individuell erworben wurden.

Alle Mitglieder einer Kultur sehen die Welt in ähnlicher Weise und alle wissen im Großen und Ganzen, was von jedem Einzelnen in der Gesellschaft erwartet wird. Jedoch, einer fremden Gesellschaft direkt ausgesetzt zu sein und auf völlig neue kulturelle Muster zu stoßen, die lange nicht erklärbar sind, verursacht im allgemeinen ein störendes Gefühl der Desorientierung und Hilflosigkeit, das "Kulturschock" genannt wird.

Der Kulturschock ist eine Konfliktsituation. Er löst die Suche nach einer Konfliktlösung aus. Dies kann man sich am besten am Beispiel der Einwanderer in ein fremdes Land verdeutlichen. Indem sie ihre gewohnte räumliche Umwelt verlassen, verlassen sie zugleich eine Mitwelt, in der sie sich auskannten und von der sie "verstanden" wurden. Man hatte nicht nur die gleiche Sprache, sondern auch das gleiche Verhalten im Alltagsleben, gleiche Wertorientierungen und Erwartungen. Kurz: Man war auf die gleiche Wirklichkeit bezogen und wusste, was man von seiner Mitwelt erwarten konnte. In der fremden Umwelt nun gilt dieses Wissen und Vermögen nichts mehr. Die Kommunikationsmöglichkeiten sind abgebrochen, die reziproken Verhaltenserwartungen bleiben ohne Resonanz oder führen zu Missverständnissen.

Der Einwanderer erkennt, dass sein "richtiges" Verhalten hier falsch ist und das für ihn "falsche" Verhalten der neuen Mitwelt nun offensichtlich das richtige ist.

Die aus diesem Kulturschock für den Einwanderer erwachsene Konfliktsituation kann er auf verschieden Weise zu lösen versuchen:

1. Mit anderen Mitgliedern seiner Kultur bildet er eine Enklave *(Ghetto)* in der fremden Umwelt, in der das alte Verhalten beibehalten werden kann
2. Er versucht die *völlige Anpassung* an die neue Kultur, legt aber die Verhaltensmuster seiner Ausgangskultur konstant ab.
3. *Kommunikation und Interaktion* mit den Mitgliedern der fremden Kultur, um in einem wechselseitigen Prozess kulturelle Erfahrungen und Verhaltensweisen auszutauschen.
4. *Partielle Anpassung*: Er spaltet sich in zwei Lebensbereiche: Er versucht zum Beispiel im Arbeitsbereich die Verhaltensweisen der neuen Kultur anzunehmen, lebt aber in seiner Freizeit und in seiner unmittelbaren Umgebung nach den traditionellen, gewohnten Verhaltensmustern (Beispiel des türkischen Arbeitskollegen, der an der Arbeit aufgeschlossen und modern ist, seiner Tochter aber nicht erlaubt in ein öffentliches Schwimmbad zu gehen. Dieses Verhaltensmuster ist typisch für ausländische Arbeitnehmer als Zeitwanderer mit dem Ziel der endgültigen Rückkehr in die Heimat.
5. *Klassisches Kolonisationskonzept*. Der Fremde versucht seine Kulturverhaltensmuster gegenüber den Einheimischen durchzusetzen. Eine Prämisse für diese Handlungsmodelle ist, dass der Zustand der Fremdheit als störend, verunsichernd oder gar als bedrohlich empfunden wird und man die kulturelle Desorientiertheit aufheben will.

1.2. Kulturschock vor dem Hintergrund migrations-spezifischer Stressoren und seine psychosozialen Auswirkungen bei Patientinnen mit Migrationshintergrund

Ein im Zusammenhang mit Klinikalltag ganz wesentlicher Punkt, der so aber meines Wissens bisher noch nicht ausgiebig untersucht wurde, ist das Auftreten von Kulturschock-Syndromen bei den Patientinnen mit Migrationshintergrund. In den Kulturwissenschaften gehen wir fest davon aus, dass das Phänomen des Kulturschocks jeden Menschen betrifft, der auf eine neue Kultur stößt. Der Kulturschock verläuft phasenförmig und umfasst mehrere durchlebte Gefühlsphasen, die jeden Menschen, unabhängig von seiner Herkunftskultur betreffen.

Grafik: Folie des Fachvortrages v. Bose, 9.2.2011

Anfänglich typisch für das fremdkulturelle Erleben des Kulturschocks ist die Euphorie. Man begegnet der fremden Kultur zunächst mit Neugier, Spannung, Freude. Man empfindet das Neue als bereichernd und interessant. Die eigene Kultur wird nicht in Frage gestellt. Dies betrifft wohlgemerkt den Verlauf bei Personen, die aus persönlichen Gründen ihr Land verlassen (z. B. Expatriates, die sich zu einem Auslandseinsatz entscheiden.) Ich komme in diesem Zusammenhang noch auf das

Phasenmodell des Migrationsprozesses zu sprechen, der ganz andere Grundbedingungen aufweist, etwa bei Kriegsflüchtlingen, Asylbewerbern und Migranten, die aus wirtschaftlichen Gründen ihr Land verlassen.

Bei diesen Gruppen ist schon von Beginn der Verlauf eines Kulturschocks anders, da die Phase der „Euphorie" wohl kaum der Realität entsprechen dürfte.

Nach einer Phase von mehreren Wochen folgt dann das Bewusstwerden der Fremdheit der neuen Kultur. Man springt immer öfter in kulturelle „Fettnäpfchen", fühlt sich verunsichert, weiß plötzlich nicht mehr ganz sicher, wie man sich nun verhalten soll. Es folgt also die „Entfremdung" und es entstehen erste Kontaktschwierigkeiten. Oft geben sich die Betroffenen selber die Schuld an den Missverständnissen.

Man beginnt, sich wieder nach Hause zurückzusehnen und es kommt zu erstem Heimweh. Die eigene Kultur wird verherrlicht, da der Betroffene anerkennt, welche Sicherheit er in seinem kulturellen System hatte.

Kommt es nach dieser Phase zu einer Eskalation der Konflikte, wird es ernst. Nun wird der oder die Betroffene entscheiden, ob heimgekehrt wird oder nicht und ob der Aufenthalt in der fremden Kultur abgebrochen wird. Dies gelingt aber natürlich nur, wenn auch abgebrochen werden kann! Im Falle von Flucht, Migration oder Asyl ist dies nicht mehr möglich!!!! Das Problem verschärft sich besonders dann, wenn keine Rückkehrmöglichkeit mehr besteht. Jetzt fühlt sich der Mensch in der fremden Kultur stark verunsichert, hilflos, die eigene Kultur wird verherrlicht.

- Im Zusammenhang mit Migration sprechen wir hier von der Phase der Dekompensation – Sie bezeichnet das auch für Migranten typische Eintreten des Kulturschocks, der oft mit körperlichen und psychischen Krisen und Konflikten einhergeht. In dieser Phase wird abgewogen, was von der Herkunftsgesellschaft beibehalten wird und was von der Aufnahmegesellschaft angenommen oder absolut abgelehnt wird!

- Es ist von enormer Wichtigkeit sich über diese Phase im Migrationsverlauf klar zu sein und diese zu beachten. Wenn in dieser Phase der oder die Patientin eine integrationsförderliche Haltung durch die Aufnahmegesellschaft erfährt, besteht Aussicht auf Erfolg im Integrationsbemühen. Mehr noch- diese Phase legt den Grundstein zu dem weiteren Verhalten- wird es von Rückzug und Marginalisierung geprägt oder von einer Überwindung der Dekompensationsphase, einhergehend mit einer verstärkten Integrationswilligkeit in die neue Kultur.

Phasenmodell des Migrationsprozesses

- Vorbereitung der Migration
- Migrationsakt
- Überkompensierungsphase („Honeymoonphase"- vieles wird aus dem Versuch heraus sich einzuleben schön geredet)
- Phase der Dekompensation - Eintreten des Kulturschocks, der oft mit körperlichen und psychischen Krisen und Konflikten einhergeht. In dieser Phase wird abgewogen, was von der Herkunftsgesellschaft beibehalten wird und was von der Aufnahmegesellschaft angenommen oder absolut abgelehnt wird
- **Phase der generationsübergreifenden Anpassungsprozesse und Integration**

Vgl. Sluzki 2001
Fachtagung Migrantinnen und Gesundheit 09. Februar 2011 Worms   © 2011 www.kultur-dialog.info

Grafik: Folie des Fachvortrages v. Bose 9.2.2011

All diese Phänomene beobachten wir bei Patienten und Patientinnen mit Migrationshintergrund, die sich in Deutschland nicht gut integrieren können und/oder wollen. Der Rückzug aus der deutschen Kultur erfolgt beinahe vollständig – von der Verweigerung der deutschen Sprache angefangen bis hin zu der Verweigerung von deutschen Kontakten für die Kinder. Die Diskussion zu diesen Themen ist hinreichend bekannt. Auch das vermehrte Tragen von kulturtypischer Kleidung kann als identitätsstiftendes Symbol gesehen werden.

Vergessen wir nicht, dass eskalierende Konflikte beiderseitige kulturelle Missverständnisse beinhalten. Unterschiedliche kulturelle Spielregeln werden gemacht, die nicht immer kompatibel sind. Dies zeigt sich insgesamt auch in der Suche nach einem guten Weg für die Integrationsbemühungen Deutschlands.

Gelingt es ein Verständnis für kulturelle Belange bei beiden Partnern zu erzielen, dann kann der Konflikt auch aufgelöst werden. Dazu ist aber sehr viel einfühlsames aufeinander Zugehen von beiden Seiten von Nöten.

Kulturelle Kompetenz wird dann erreicht, wenn die kulturellen Spielregeln verstanden werden und nicht mehr als Bedrohung erlebt werden.
Wenn sich die Wandler zwischen den Kulturen in beiden Kulturen regelsicher bewegen können, dann lässt auch der Druck nach und es stellt sich ein Gefühl von Sicherheit ein. Angst verschwindet. Vertrauen wird aufgebaut.

Um die grundlegenden Unterschiede von Kulturen zu begreifen und um die Feinheiten der Kommunikationsunterschiede Bescheid zu wissen, ist nicht nur viel Einfühlungsvermögen nötig, sondern vor allem auch Wissen um die derzeitig in den jeweiligen Kulturen geltenden vorherrschenden Wertestrukturen! Dies wird oft übersehen und stattdessen wird in der Praxis nach Rezepten gesucht, die allzu schnell über grundlegende Werteunterschiede hinweghelfen sollen.

In diesem Zusammenhang sei hier ernsthaft gewarnt vor Fortbildungen, die nicht von Experten sondern von „Interkulturellen Trainern" veranstaltet werden, die oft noch nicht einmal Auslandserfahrung haben, geschweige denn über das wissenschaftlich notwendige Expertenwissen verfügen.

1.3. Interkulturelle Kommunikationsprobleme

Vor dem Hintergrund der Kulturschock-Problematik wird wieder klar, wie wichtig eine interkulturell kompetente Kommunikation besonders im Klinikalltag ist. Angesichts des Pflegenotstandes, eines auf Zeit-und Geldmangel ausgerichteten Arbeitsstils wird aber diesem Aspekt nahezu keine Bedeutung beigemessen.

Mit dem Hilfeschrei nach einer besseren wörtlichen Verständigung notfalls auch mit Dolmetschern ist aber in dieser Hinsicht noch nicht viel gewonnen. Meiner Ansicht nach muss wesentlich mehr Aufmerksamkeit auf die unterschiedlichen Kommunikationsformen, die in Kulturen vorherrschen, gelenkt werden. Mit der Ansicht „wenn ich den Patienten endlich verstehen kann, kann ich ihm auch helfen..." ist alleine nicht viel gewonnen.

Für die Pflegenden und ÄrztInnen ist es wichtig zu wissen, dass die in Deutschland gängige sehr direkte und sachliche Kommunikation in fast allen Ländern, aus denen wir Migranten in Deutschland haben, „falsch" verstanden wird! Was ist damit gemeint? Die Kommunikationsform in Deutschland ist eine direkte Umsetzung der zentralen kulturellen Standards von Sach- Zeit- und Regelorientierung. Diese Form der Kommunikation gilt als sehr direkt.

Schon im Nachbarland Frankreich ist die Kommunikation wesentlich indirekter, sie bezieht mehr Höflichkeitsfloskeln in das Gespräch mit ein und harten und sachlichen Formulierungen wird mehr ausgewichen als in Deutschland. Je weiter wir südlich und östlich gehen, desto indirekter wird die Kommunikation(als „Königskultur" der indirekten Kommunikation gelten die Kulturen von Fernost).

Wenden wir unseren Blick jetzt auf die Kultur der Türkei, so herrscht auch hier eine wesentlich indirektere Kommunikation vor als in Deutschland. Sinn und Zweck der Kommunikation im Allgemeinen ist hier ein harmonisches Verhältnis mit dem Gesprächspartner aufzubauen und sich an die dort in erster Linie vorherrschenden Regeln von Höflichkeit, Scham und Hierarchie zu halten.

Als Beispiel sei hier erwähnt, dass Jugendliche und Frauen mit türkischem Hintergrund, dem Blick nicht standhalten, sondern extra ausweichen, was auf Deutsche *unsicher* und *verweigernd* wirkt. Das Ausweichen des Blickes ist aber ein Zeichen von Höflichkeit und Respekt in der Türkei. Das gleiche Verhalten wird also vollkommen gegensätzlich wahrgenommen in seiner Bedeutung!

Es entstehen also schon alleine aus den unterschiedlichen Kommunikationsmustern heraus etliche Konflikte, die zum Teil unbewusst, zum Teil aber durchaus auch bewusst zu einer Verschlechterung der Situation in der Klinik beitragen.

Deutschland	Türkei
• Türkische Patienten sind kompliziert und umständlich • Ewiges « Drumherumgerede » • Türkische Patienten sind « überempfindlich » • Türkische Patienten können sich nur schwer an unsere Regeln halten	• Deutsche Pflegende sind unhöflich, brüsk • Verletzender Befehlston • Direkte verbale Angriffe • Verletztende „brutale" Sprache • Deutsche Pflegende haben kein Mitgefühl, sie sind kalt und unpersönlich

Fazit

Türkei:	Sprache wird benutzt um ein harmonisches Miteinander zu ermöglichen, um Gefühle zu wecken
Deutschland:	Sprache wird benutzt um sich streng auf die Wirklichkeit zu beziehen und Ergebnisse zu erzielen

Fachtagung Migrantinnen und Gesundheit,09. Februar 2011 Worms   ℗2011 www.kultur-dialog.info

Grafik: Folie des Fachvortrages v. Bose 9.2.2011

Wenn es gelingt, die Sensibilisierung für diese Unterschiede zu erwirken, ist schon ein großer Schritt getan in Richtung wirkliche Integration. Leider ist aber die Nachfrage nach kulturkompetenter Beratung und Fortbildung in den meisten deutschen Kliniken noch recht rudimentär und Angebote werden immer wieder mit der Argumentation abgetan: „Wir haben viele PflegerInnen mit Migrationshintergrund…" als ob dies alleine diesen Missstand beheben könnte….!

In der Regel sieht es immer noch so aus, dass sich gegenseitige Vorurteile und Stereotypen zwischen Krankenpflegerinnen und PatientInnen mit Migrationshintergrund im direkten Kontakt steigern. Dies wiederum hat dann direkte Folgen für den Krankheitsverlauf und öffnet der Kulturschock-Problematik in der Klinik Tür und Tor!

Erwartungen von türkischen Patientinnen

Zuwendung und Verständnis
Trost bei Schwierigkeiten
Professionelle Unterstützung in
sozialen Angelegenheiten
Ungeregelte Besuchszeiten
Pflege durch die Familie
Dies ist in der Türkei Sache der Familie
und nicht Aufgabe der Pfleger!

Erwartungen deutscher Pflegender

- Weniger sprachliche und kulturelle
  Barrieren
- Selbstverantwortlichkeit und
  Autonomie der Patientin
- Mobilisierung des Potentials zur
  Gesundung
- Akzeptanz einer sachlichen und
  ausdrucksarmen Behandlung

Fachtagung Migrantinnen und Gesundheit, 09. Februar 2011 Worms   © 2011 www.kultur-dialog.info

Grafik: Folie des Fachvortrages v. Bose 9.2.2011

1.4. Symptome eines typischen Kulturschocks und die Implikationen für den Klinikalltag

Betrachten wir einmal die typischen Gefühlszustände, die im Zusammenhang mit Kulturschock beschrieben werden, so wird schnell klar, dass
besonders traditionell orientierte Muslime mit wenig Kontakt zu Deutschen,
oft ganz akut unter Kulturschock-Syndromen leiden, wenn sie in einer
deutschen Klinik sind.

Typische Kulturschock-Symptomatik:

- exzessive Sorge um die eigene Gesundheit
- Gefühle von Hilflosigkeit und Zurückweisung durch andere
- Irritationen
- Angst, betrogen oder verletzt zu werden
- starkes Verlangen nach Hause und nach den Freunden zu Hause

- Psychosomatische körperliche Stressreaktionen (Schweißausbrüche, Herzklopfen, plötzlicher hoher Blutdruck etc.)
- Ängstlichkeit und Frustrationen
- Apathie
- Unwillen, sich in der fremden Sprache auszudrücken
- Einsamkeit
- Das Einnehmen einer aggressiven und feindlichen Haltung gegenüber Ärzten und Pflegenden
- Negative Stereotypisierung der neuen Kultur „... die Deutschen sind sehr kalt!"
- Defensive und unklare Kommunikation „ich bin ganz krank..."

Betrachten wir diese Symptome so wird schnell klar, dass die meisten Probleme im Klinikalltag im Kontakt mit PatientInnen mit Migrationshintergrund hier wurzeln und sich in dieser Symptomatik ausdrücken. Aus meiner Datensammlung zum Kontakt der Pflegenden mit PatientInnen mit Migrationshintergrund ergibt sich, dass es die folgenden drei Hauptverhalten, die als „schwierig" von den Pflegenden empfunden werden, sehr häufig genannt werden:

1. Unwillen sich in deutscher Sprache auszudrücken
2. Das Einnehmen einer aggressiven und feindlichen Haltung gegenüber oft weiblichen Pflegenden
3. „Unklare" Kommunikation („ich bin ganz krank...")

1.5. Best Practice und Lösungsansätze

Ich komme nun auf die Ausgangsfrage zurück:
Brauchen Migrantinnen eine andere Pflege?

Hier muss die Antwort ganz klar „ja" lauten!

Patienten und besonders Patientinnen mit Migrationshintergrund brauchen eine andere Pflege als die einheimischen Patienten, die mit unserem System von klein auf vertraut sind (und auch hier gibt es besondere Gruppen, die eine erhöhte Aufmerksamkeit in der Pflege benötigen).

Das stellt natürlich besondere Anforderungen an unser gesamtes Gesundheitssystem, es erfordert die bedingungslose interkulturelle Öffnung und die konsequente Weiterentwicklung eines innovativen Weges.

Eckpfeiler dieser Weiterentwicklung im Sinne von Best Practice sind:

1. Professionelle kultursensible Pflege als fester Bestandteil in der Aus- und Weiterbildung der Pflegeberufe
2. Einbeziehen der migrantenspezifischen Netzwerke
3. Vermehrte Einstellung von ÄrztInnen und PflegerInnen mit Migrationshintergrund
4. Einrichtung fester Integrationsstellen in den einzelnen Kliniken, so wie sie vom Arbeitskreis für Migration und Gesundheit gefordert wird.
5. Gezieltes Qualitätsmanagement und regelmäßige Evaluierungsmaßnahmen
6. Partizipation - Es sollte ein hoher Grad an Beteiligungsmöglichkeiten für die Zielgruppe bestehen
7. Empowerment - Es sollte eine verstärkte Befähigung und Qualifizierung der Zielgruppe unterstütz werden, die auf den Stärken und Ressourcen der Zielgruppe aufbaut. Dies hat auch nach außen sehr hohen Wertschätzungscharakter

1.6. Fazit

Sind sich Ärzte und Pflegende der besonderen Lage ihrer Patientinnen unter der Belastung „Kulturschock" bewusst und versuchen sie sich auch darauf einzustellen, dann gelingt eine kultursensible Pflege adhoc wesentlich besser. Die Kommunikation wird von beiden Seiten als offener und nicht mehr belastend erlebt.

Kliniken sind Institutionen, die gerade bei Patientinnen mit anderem kulturellem Hintergrund mehr Angst und Unsicherheit auslösen, als bei deutschen Patienten. Das hat oft mit der Ausgangssituation in den Herkunftsländern zu tun, wo Kliniken eindeutig nicht dem deutschen Standard entsprechen, es hat aber auch mit kulturell bedingten Vorstellungen über Krankheit zu tun.

Eine kultursensible Pflege bedeutet für die Patientinnen:
Das Krankenhaus wird seinen „Schrecken" verlieren. Den Patientinnen wird die Angst genommen - dies alleine ist ein unvergleichlicher Fortschritt im Integrationsbemühen!

Durch zielgerichtete Fort- und Weiterbildung der Pflegenden, in denen Information über die andere Kultur und andere Kommunikationsformen sensibel vermittelt werden, kann sich die Erwartungshaltung von Pflegenden konsequent ins Positive wandeln.

Für die Patientinnen heißt das:

Angst kann langsam durch Vertrauen ersetzt werden!

Die Klinik gilt als Lebensschnittpunkt. Gelingt es hier, den Patienten die Ängste zu nehmen und in Vertrauen umzuwandeln, wird dies weitere positive Veränderungen nach sich ziehen:

Ausgehend von der Institution Klinik kann sich dieses neue Vertrauen dann auch nach und nach auf die Aufnahmegesellschaft ausweiten. Und das kann und muss unser aller Anliegen in unserer Gesellschaft sein!

Quellen:

Datenerhebung Alexandra von Bose:
Empirische Befragungen an verschiedenen deutschen Kliniken zum Thema „Kontakte mit Patientinnen aus anderen Herkunftskulturen" 2009 - 2011

http://www.gesundheitliche-chancengleichheit.de/?uid=b2454310a799db7f5802531e2a964fdc&id=Seite1667
Machleidt, W.: Ausgangslage und Leitlinien transkultureller Psychiatrie in Deutschland: http://www.psychiatrie.de/data/downloads/3b/00/00/Beitrag_Machleidt.pdf

Machleidt, W. , Heinz, A.: Psychotherapie bei Menschen mit Migrationshintergrund. In: Herpertz, S.C., Caspar, F. Mundt, Ch. (Hg.) : Störungsorientierte Psychotherapie. Urban und Fischer Elsevier, München, 628-637, 2008

Gavranidou, M., Abdallah-Steinkopff, B.: Brauchen Migrantinnen und Migranten eine andere Psychotherapie?
http://www2.bptk.de/uploads/ptj_07_04_gavranidou_abdallah_steinkopff.pdf

Sluzki, C. (2001): Psychologische Phasen der Migration und ihrer Auswirkungen. In: Hegemann, Th., Salman, R. (Hrsg.): Transkulturelle Psychiatrie. Konzepte für die Arbeit mit Menschen aus anderen Kulturen. Bonn: Psychiatrie-Verlag.

Borde T. David M. (2007): Migration und psychische Gesundheit, Frankfurt/M: Mabuse Verlag

Domenig, D. (Hg.) (2007): Professionelle Transkulturelle Pflege, Bern: Huber Verlag

Bundesweiter Arbeitskreis Migration und öffentliche Gesundheit, 2010

Kontakt und weitere Informationen:
Alexandra v. Bose M.A.
KULTUR DIALOG
Interkulturelles Kommunikations- und Kompetenz-Training
Tel.: +49 (0)157/73407790
www.kultur-dialog.info
E-Mail: alexandra.vonbose@yahoo.com